das mittelgroße AUFMUNTERUNGSBUCH

y bin autor ☺

Über den Autor:

Tino Bomelino wurde 1985 in Ost-Berlin geboren. 2006 fängt er ein Informatik-Studium an, Nebenfach Physik. 2009 erster Poetry-Slam-Auftritt. Seit 2015 tritt Tino regelmäßig als Stand-Up-Comedian auf. 2016 gewinnt er ein paar Kabarettpreise, u.a. den Master Comedy Clash und den NDR Comedy Contest. Dieter Nuhr lädt ihn in seine Sendungen ein, und er macht bei »NightWash« im WDR mit. Seit 2017 tourt Tino mit dem Live-Programm »Man muss die Dinge nur zu Ende«. Im selben Jahr wird er für den Prix Pantheon und das Große Kleinkunstfestival nominiert, gewinnt da aber nix. Schade. Kann ja noch werden.

Ullstein

Besuchen Sie uns im Internet:
www.ullstein-taschenbuch.de

Originalausgabe im Ullstein Taschenbuch
2. Auflage 2020

© Ullstein Buchverlage GmbH, Berlin 2020
Umschlaggestaltung: Tino Bomelino
Titelabbildung: Tino Bomelino
Technische Umsetzung: Red Cape Production, Berlin
Druck und Bindearbeiten: Livonia Print, Latvia

ISBN: 978-3-548-06198-6

Für meine liebe Omi

WAS DRIN IS

Die enthaltenen Comics können Sie dabei unterstützen, in verschiedenen Situationen Ihre Laune aufzumuntern.

KAPITEL 1 — Seite 009
Wenn du auf eine Party kommst und jemand anderes hat den gleichen coolen Hasenpullover an.

KAPITEL 2 — Seite 023
Wenn du ein Aua hast und wohl jemand pusten muss.

KAPITEL 3 — Seite 039
wenn du ein Gewissen hast, und das ist auch noch schlecht.

KAPITEL 4 — Seite 051
Wenn dich andere mit ihrem Charakter und/oder ihrer Existenz nerven.

KAPITEL 5 — Seite 069
Wenn du aus Versehen ein Kind gemacht hast.

KAPITEL 6 — Seite 083

Wenn du eine mittelschlimme Trennung hinter und/oder kurz vor dir hast.

KAPITEL 7 — Seite 099

Wenn du immer dachtest, jemand mag Oliven, aber dann mag der gar keine Oliven (und bumst andere Leute).

KAPITEL 8 — Seite 113

Wenn du einen mittelschlimmen Job hast, den du nicht mehr so gerne machen willst, und allgemein hast du dir das auch alles ein bisschen anders vorgestellt.

KAPITEL 9 — Seite 125

Wenn du dir nicht sicher bist, was du anziehen sollst und/oder warum du überhaupt auf dieser Welt bist.

KAPITEL 10 — Seite 141

Wenn du eigentlich ein Comicbuch abgeben musst, aber alle deine Beobachtungen weisen darauf hin, dass du gerade was anderes machst.

Hallo, ich bin Tino! Ich wünsch dir viel Spaß mit meinem mittelgroßen Buch!

KAPITEL 1

Wenn du auf eine Party kommst und jemand anderes hat den gleichen coolen Hasenpullover an.

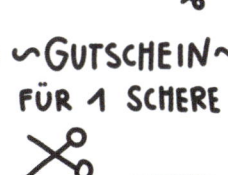

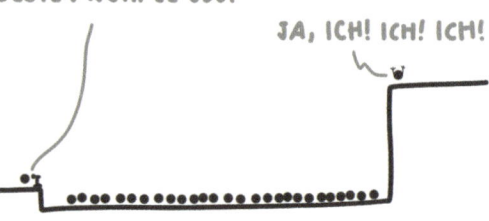

IDEEN FÜR CHARAKTERE

SUPER-MANN
(FINDET ALLES SUPER)

GIRAFFEN-FAN

KÄSEBRÖTCHEN-
JÜRGEN

HOMOSEXUELLE
PERSON

JEMAND, DER NACH
LINKS GUCKT

GOTT MIT EIS

GIRAFFE MIT
OHRRING

TYP OHNE ARME

FRAU OHNE BEINE

UNANGEBRACHT
EHRLICHE PERSON

(TINO HAT HIER ÖFTERS DASSELBE BILD VERWENDET.)

JEMAND, DER
GANZ NORMAL IST

(MEINE FRESSE, BIN ICH BESONDERS)

JEMAND, DER KEIN GEFÜHL FÜR DEN RICHTIGEN ABSTAND HAT

JEMAND, DER IMMER
ZU SPÄT KOMMT

GOTT DER ATHEISTEN
MIT KANDIERTEM APFEL

ALLAH MIT
ZUCKERWATTE

JEMAND IM SCHAUMBAD
MIT SCHAUMBART

SCHWARZE PERSON

(DAS VERSTEH ICH NICHT, IN DIESEM BUCH SIND DOCH ALLE SCHWARZ?)

ICH, KURZ BEVOR
DIESES COMICBUCH
ABGEGEBEN WERDEN
MUSS.

(AAAHHH)

IDEEN FÜR GIRAFFEN

INVERTIERT

GIRAFFEN-FAN-FAN

ZUM SELBER AUSMALEN

RAUFASER

HALLO! FINDEN SIE WORTSPIELE AUCH SO GEIL WIE ICH?!

HAHA, SEHR WITZIG. ABER ICH MUSS JETZT DAMIT LEBEN.

RAGIFFE (ALIAS GIRAFFUSINE)

NEE, TORSTEN, DA BIST DU LEIDER ZU SPÄT.

ALBINO, ABER TÄTOWIERT.

MIT ENTEN

TSCHULDIGUNG, IST DAS HIER "IDEEN FÜR CHARAKTERE?"

JEMAND, DER IMMER ZU SPÄT KOMMT

SCHNIRAFFE

PARTYAFFIN

NEUGIERAFFE

GIRABEL

NOCH MEHR IDEEN FÜR GIRAFFEN

MIT ROLLKRAGENPULLOVER

"WARN KLARER FEHLKAUF"

MIT ZU KLEINER KRAWATTE

AUSFAHRBAR, FALLS FREUNDE ZU BESUCH SIND

ALLES* kann passieren

*inklusive nix

"Hoffentlich sag ich grad nichts Unanständiges in Gebärdensprache."

"Hoffentlich sieht das so aus, als hätte ich Spaß"

"Hoffentlich sieht das so aus, als wär ich traurig."

"Hoffentlich sieht das so aus, als würde ich gerade etwas essen."

019

SPAMRITTER

GESCHÄFTSIDEE

APP, MIT DER MAN LEUTEN ANONYM SAGEN KANN, DASS SIE STINKEN.

Kleine Dinge richtig benennen, wenn man nicht weiß, wie sie heißen!

Es kommt ja immer wieder mal vor, dass einem ein Wort nicht einfällt. Falls der Wutz, den du meinst, nicht größer als ein Prümmel ist, findest du hier das passende Wort!

BOBBEL – kleiner Klops mit der Konsistenz eines Popels

BOBS – sowas wie ein Wutz, aber etwas größer und bobsiger

BÖPPEL – drückbarer Bobbel

FATZKI – herablassend für einen Pupsbert

GEBIMMSEL – wenn mehrere Tüddel irgendwo rumliegen

GESCHREBBEL – wie Gebimmsel, aber krasser und mit mehr Raumklang

GNUPSEL – Nubsi aus Plastik

IPPSEL – größerer Schnipsel mit mehr Wums dahinter

KNIBBEL – kleiner Zipfel, der den Wunsch evoziert, ihn abzutrennen

KRÜMEL – 1. Bobs, der von einem Glöpel abgefallen ist
2. unfertiger Mensch

MISTVIECH – kleines Teil, das immer fehlt

NÖPPEL – sexy Nubbel

NUBBEL – Hervorwölbung an einem Puperich oder Fröbel

NUBS – dieses Wort gibt es nicht (Vorsicht!)

NUBSBERT – niedlicher Nubs

NUBSI – Dingenskirchen, aber sehr sehr klein!

NÜPPEL – überfreundlicher Nippel

PANÜPSEL – wenn einem das Wort für "Nubbel" nicht einfällt

PENÖKEL / PINÖPEL – derogativ für einen sehr kleinen Prümmel

PINNOREK – zipfeliger Pupsbert mit haptischer Mystik

PINUPPI – umgedrehtes Punüppi

PÖPEL – ein Nubsi, den man suchen muss

PRÜMMEL – ein ordentlicher Krümel; selten auch für einen kleinen Kaventsmann

PUNÜPPI – (selten auch Higgs-Punüppi) Bobs, der schwer zu finden ist

PUPSBERT – Krümel in der Größe von 10 Wützen

SCHNABBADORKEL – onkeliges Dingsbums

SCHNIEPEL – wie ein Zipfel, meist mit Schlaufe

SCHNÖRPFEL – saugfähiger Pfropfen

SCHNUBBEL – Kosename für einen Puperich oder Krümel

SCHNUBSI – weiches (oder hartes) Nubsi

STREUSEL – großer Krümel, aber noch kein Klops

TÜDDEL – runtergefallenes Teilstück eines Gebimmsels

WUTZ – kleiner Gnupsel, dem man theoretisch eine Mütze aufsetzen könnte

ZIPFEL – heraushängender Fatzki

KAPITEL 2

Wenn du ein Aua hast und wohl jemand pusten muss.

Welcher Müdetyp bist du?

 JUCHU!

 ZU OPTIMISTISCH

 GESICHTS-RÜCKZUG

 WO IS MEIN KOKS?

 LEICHTES AUGENWEH

 MÜTEND

 ANSPRECHEN AUF EIGENE GEFAHR

 ICH HAB VON DER HÖLLE GETRÄUMT :)

 WIE OFT MUSS ICH NOCH?

 MUSS NOCH VIEL SCHMINKEN

 NOCH 500 MINUTEN, MAMA

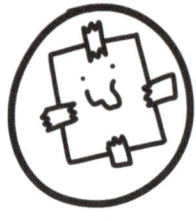 HIER GIBT ES NIX ZU SEHEN

 ENTTÄUSCHT VOM WACHZUSTAND

 müde

 AUGEN SIND WINTERLICH ANGEZOGEN

 Hm.

 Sie sind kerngesund. Ich weiß!

Ich wollte Ihnen mal eine Pause gönnen.

 BIFI AUS SPARGEL!

 Du, ich weiß einfach nicht, was ich dir schenken soll.

 Also ich wüsste, was du mir schenken kannst. sag!

GESCHENKIDEE:

EINFACH MAL DEIN MAUL HALTEN.

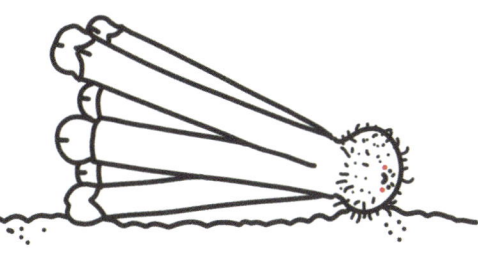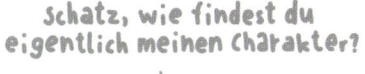

HEYYYY... SORRY, aber ich intervallfaste grad toxische Menschen und würde dich bitten, nach 18 Uhr wiederzukommen.

BABYKLAPPE
BITTE NICHT HOCHKANT!

EINWURF NUR 10 BIS 19 UHR

Ich will ja nicht angeben, aber ich hatte schon oft Sex, ohne dafür ins Gefängnis zu müssen.

schwenk schwenk

Ich hab voll Hunger, aber meine Babys sind alle.

NUTELLASPECHT

ORR... ICH WOLLTE DIE FOLIE KAPUTTMACHEN!

HEHE

IDEEN FÜR DRINKS

MOSCOW MULE MIT KOMPLETTEM GURKENSALAT

POMMES SCHRANKE: DER SMOOTHIE

ORANGENSAFT MIT 100% FRUCHTFLEISCH

EXTREM GEFÄHRLICHER DRINK FÜR COOLE

- verschluckbare Kleinteile
- wird mit verbrannter Toastscheibe serviert
- steht auf kipp
- enthält Gluten und Sojamilch

KAFFEE MIT KLEINEM HAPS HEROIN

BLOODY MARY MIT HACK

SMOOTHIE-SCHICHTSALAT

KAKAO MIT KOHLENSÄURE

Übung:

Mach einen Tag lang, was du willst!

schon toll

ZACK! GEFÄNGNIS

ÜBERBACKENE MAUSEFALLE!

Ein richtiger Erwachsener!

033

ABSTRAKTER DENKSPECHT

HAUT LÖCHER IN SCHLECHTE ARGUMENTE

SCHNECKE MIT ANBAU

Ihr Herz geht BOOM BOOM BOOM.

Arzt, der nur Popmusik studiert hat ←

ÜBUNG

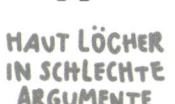

937-3LundichOüjapp

WENN DU DAS NÄCHSTE MAL EINE VERSEHENTLICHE HOSENTASCHEN-NACHRICHT BEKOMMST, RAHME SIE EIN UND HÄNGE SIE AUF! *

TINO BOMELINO

Wie wär's, wenn wir heute ALLE nix machen?

EXPERTE IM SACHEN AUSDENKEN

SCHNECKE MIT KELLER

ANSPRECH-SCHUTZ FÜR FRAUEN

ICH WILL DRINGEND EIN BABY

IDEEN FÜR FISCHE

FISCHE SIND COOL!

Mehr Aktivismus

Behaarter Fisch zum Streicheln

Ich bin gegen Haken!

Virtue-Signalling-Fisch

Wasserrutsche

Mach ich das richtig?

Sich Sorgen machen

Badekappe

Teebeutel wie Räucherstäbchen benutzen

Todo:
- aufstehn
- aufeinander zugehn
- sich prügeln

034   * ODER DRUCKE SIE IN EIN COMICBUCH!

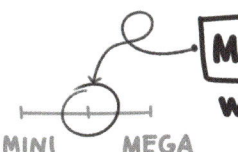

Mittelgroße Dinge richtig benennen, wenn man nicht weiß, wie sie heißen!

APPARAT – riesiger Wutz, den man irgendwo reinwemmsen möchte

ARSCHLOCH – Dingsbums, dem man Schikane unterstellt

DING – mittelgroßer, eigenschaftsloser Prümmel, der sich selbst als "ganz witzigen Typen" beschreiben würde

DINGENS[KIRCHEN] – (süffisant) die meisten Menschen meinen damit einen gehobenen Eumel

DINGERICH – formal für ein [X]-dabums

DINGS/DINGSI – (onomatopoet.) "Gleich fällt's mir ein!"

DINGSBÜMMER – seltener Plural von Dingsbums

DINGS[DA]BUMS – wie ein Ding, aber mit mehr Trara

DINGSELDÖMS – Fröbel mit Fransen

EUMEL – Fachsprache für einen mittelgroßen Schmöpel

EUMELBUMS – Hinterlassenschaften eines Eumels

FRÖBEL – Wenn man sich für "Pömsel" zu fein ist

GELÄRSCH – Klimbim, das leise ist, aber stinkt

GERÄT – Apparat, den man anmachen kann

GESCHICHTE – Sowas wie ein Eumel (die männliche Form ist mitgemeint)

GLÖPEL – längliches Schnobsdabums mit Saugwops

KISTE – sollte nur benutzt werden, wenn man dabei auf etwas zeigt

KLIMBIM – nervige Teile am Boden

KLOPS – ein Apparat in der Form eines Wanstes

KLUMP – ein Ding, das man ohne Probleme treten könnte

KNÖDEL – Klops, der nicht rollt

LÜMMEL – Eumel, der was angestellt hat

MOPPED – Gerät mit mehreren Schnabbadorkeln

MUFFE – Klump, der sausen könnte, wenn er mehr Elan hätte

MÜFFEL – Muffe mit Frisur

NOBS – wenn man gleich auf das Wort kommt

PFEFFER – Scheiß, mit dem man die Geduld verliert

PÖMSEL – umgangssprachlich für ein bestimmtes Produkt

PRENGEL – ein Lümmel, den man sehr lange nicht gesehn hat

PRODUKT – ein Eumel, den jemand rübergeben soll

PUPERICH – Abstraktion des Dingsbums-Konzeptes

SCHEISS – abwertend für ein Arschloch

SCHMÖPEL – erhitzter Eumel, der sich wehrt

SCHNOBS[DABUMS] – frei erfundenes Wort für einen gewieften Wops

TEIL – Element einer Menge, z.B. von Gedöns

WOPS – gigantischer Wutz!!

ZOPFEL – für Dingeringse am Ende einer Liste

Ideen für Schafe

 Stracciatellaschaf

 Doppelkeksschaf

 gefährliches Schaf

 cooles Schaf

 Schaf, das hinten friert

 Tamponschaf

 Unterwasserschaf

 Geländeschaf

 Reiseschaf (handlich)

 Multifunktionsschaf

 Seitenschläferschaf

 nonkonformes Schaf

 Quereinsteiger-Schaf

 Topfreinigerschaf

 Schaf, das aussieht wie ein Lama ohne Hals

 ohne Schaf

 Tetrisschaf

 Konkavschaf

 Schaf mit Verdauungsproblemen

 Schaf mit Haarausfall

PENIS-SOMMELIER

schmatz nussiger Geschmack, leichte Ananasnote, Jahrgang '76?

STACHELBEERE!

Mein Name is Programm, Leute!

DAS ZIEMLICH GEFÄHRLICHE OBST!

MACHT DIESES BUCH DENN VOR GAR NICHTS HALT? NICHT MAL VOR OBST!?

HAT DA JEMAND MAL WIEDER SEINE GRAPEFRUIT NICHT GEGESSEN?

IRGENDWIE IS ALLES GLIBSCHIG!

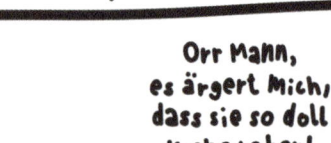

IDEEN FÜR PARTYS

MOTTOPARTY: JEDER KOMMT ALS ER SELBST.

Boah, ich bin emotional grad so nackig.

NUR LEUTE, DIE JÜRGEN HEISSEN.

Ja? Ja? Ja? Jürgen?

JEDER HÖRT SEINE EIGENE MUSIK UND BLEIBT ZUHAUSE.

ALLE AM SELBEN ORT, ABER UNTERSCHIEDLICHER ZEITPUNKT.

BITTE ANKREUZEN

☐ ICH WILL MEIN KREUZ IMMER AN DIE WITZIGSTE STELLE SETZEN

☐ POPOFURZ

☐ DAS IST DOCH GEHOPST WIE GEHÜPFT

Orr Mann, es ärgert mich, dass sie so doll krebs haben!

Sie sind so ein cooler Mensch, und jetzt sterben Sie einfach!

Ich hab's echt nicht leicht.

Äh... Kopf hoch, es gibt Schlimmeres!

KAPITEL 3

Wenn du ein Gewissen hast, und das ist auch noch schlecht.

IDEEN FÜR ACHTSAMKEITSÜBUNGEN

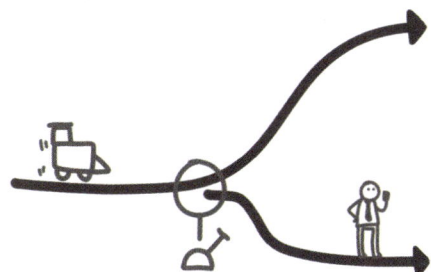

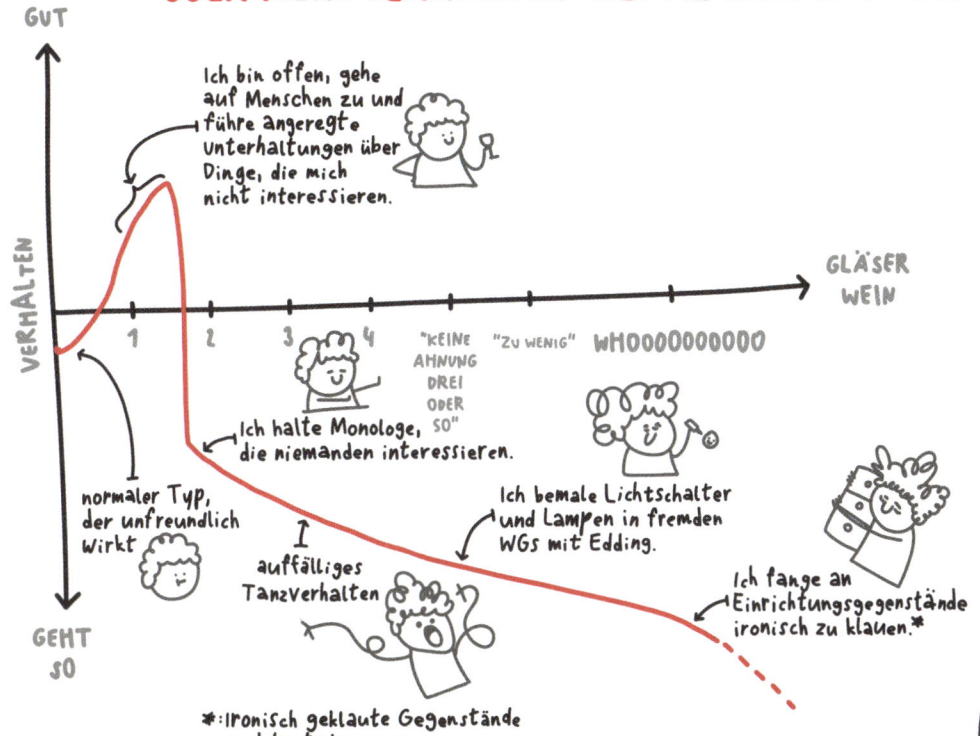

BAGUETTE IM TOPF.

IDEEN FÜR APPS

SOWAS WIE SHAZAM, ABER SIE SAGT DIR, WER GEFURZT HAT.

"WAS WÜRDE EIN FROSCH JETZT TUN?" - DIE APP

VERMITTLUNG VON SCHRAUBEN, DIE ÜBRIG SIND

WIE MAN STIRBT!

ZEIT

(FOLGEN SIE DEM PFEIL)

044

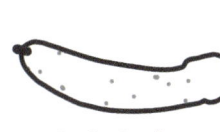

IDEEN FÜR NAIL-ART

KLEINE GABEL FÜR SNACKS

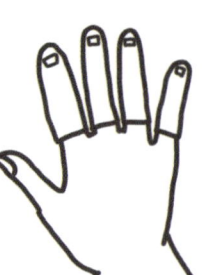
FINGER BURKAS

ALS WERBEFLÄCHE VERMIETEN

PFEIL ZUM UM DIE ECKE ZEIGEN

SPORT SOLLTE COOL SEIN

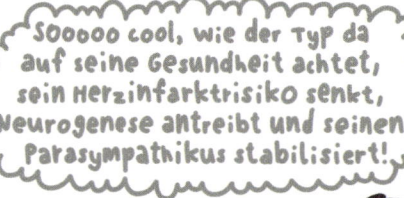

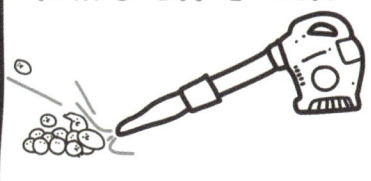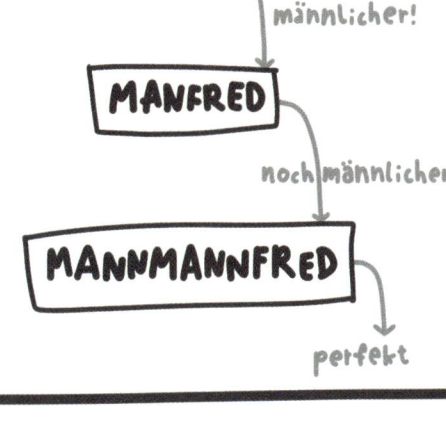

Tino, in dem Buch kam jetzt schon 22 Mal irgendwas mit Ficken, Penis oder Hoden vor!

Das nimmst du alles wieder raus! Warum musst du immer so kindisch sein?!

1 Stunde später

PUPS! PUPS! STINK! STINK!

Susanne sitzt in der Badewanne und pupst

WARUM

KARIERTE BIENE! JETZT NEU!

VIEL ZU LANGER SCHUHLÖFFEL! WIR FRAGEN: MUSS DAS SEIN?

SCHMERZ IST KRACH ZUM FÜHLEN

ICH GLAUB, ICH HAB GRAD GAR KEINEN HASEN HERVORGEZAUBERT.

KONFLIKTE LÖSEN

HABEN SIE SCHON MAL DEN FEHLER BEI SICH GESUCHT?

GENIAL!

DER GROSSE BOMELINI KANN SICH TROTZ GEGENTEILIGER BEWEISE INADÄQUAT FÜHLEN.

TADAAAAA!

IDEEN FÜR WECKER

Kacke-Explosion in 5... 4...

SIMULIERTER HUND

ÖÖÖH, ich bin Tino, und ich steh GANZ früh auf!

NACHÄFFEND SARKASTISCH

KAPITEL 4

Wenn dich andere mit ihrem Charakter und/oder ihrer Existenz nerven.

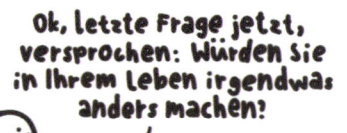

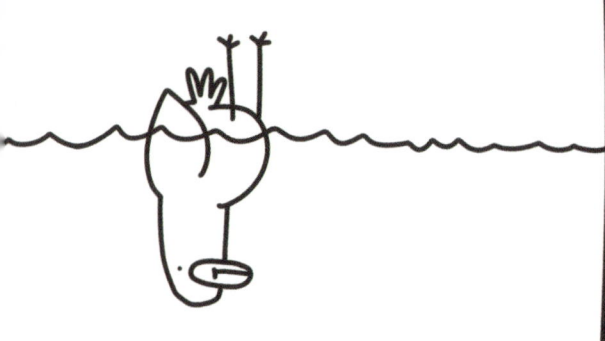

Kennt ihr das, wenn euch ne Ente in die Unterhaltung reinplatzt?

IDEEN FÜR KÄSE

- MEHR
- KOSTENLOS (GRUNDRECHT)
- SOWAS WIE NE MAUSEFALLE, ABER IN LIEB (OHNE FALLE)
- KÄSEABO
- KÄSELAIB ALS RUCKSACK (FÜR UNTERWEGS)

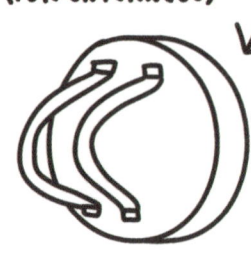

TECHNOLOGIE MACHT'S MÖGLICH!

QUIETSCH!

Hast du's gewusst?

Seine eigene Sichtweise kann man nich sehen.

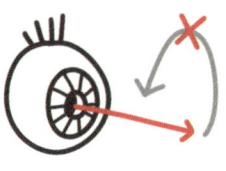

UNIVERSELLE SÄTZE, DIE FAST IMMER PASSEN

- DU BIST NICHT DER MANN, IN DEN ICH MICH DAMALS VERLIEBT HABE.
- TJA.
- DAS KANN ICH MIR VORSTELLEN.
- MANN, MANN, MANN.

EHRLICHES FEEDBACK IST DAS SCHÖNSTE GESCHENK

TIPP

ALLES GUTE ZUM GEBURTSTAG

COOL, ICH STELLS ZU DEN ANDEREN.

DU BIST KACKE.

WAS IN MENSCHEN ABLÄUFT

HEIRATEN HEIRATEN HEIRATEN...

HABT IHR ETWA OHNE MICH ANGEFANGEN?

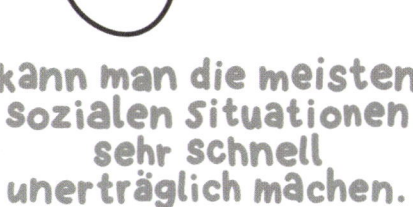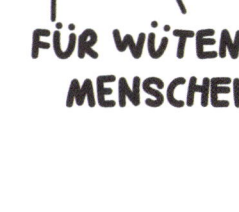

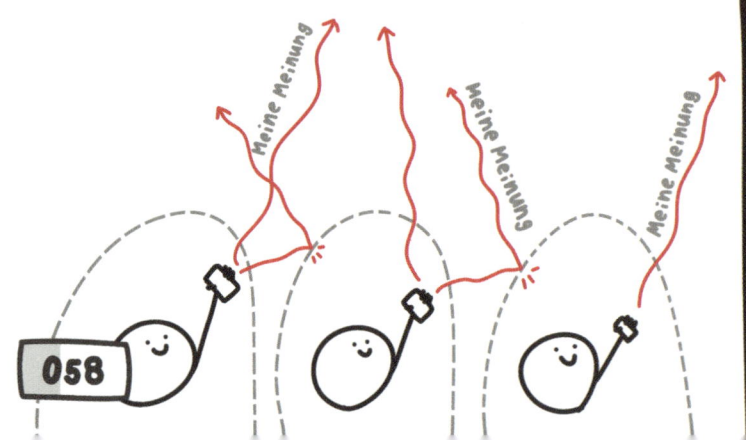

IDEEN FÜR HIPPE KULINARISCHE TRENDS

OBST 2 GO
LECKERES OBST EINFACH AUF DIE HAND!

WEIN MIT 3 EL ZUCKER
SCHMECKT GUT, UND IST JETZT IN!

SCHEIBE WURST
DAS BESTE VON STULLE JETZT AUCH IN GANZ TEUER!

KLEINER KÜCHENHELFER
LECKE UNSEREN ANGESTELLTEN DEN KUCHENTEIG VON DEN FINGERN!

SCHLECHT FÜR DIE ZÄHNE
MENÜ: 3 BONBONS UND EINE AUFS MAUL

LOW-CARP-BURGER
BURGER MIT KARPFEN STATT BROT, DEN MAN AUS EINEM NAPF VOM BODEN FUTTERN MUSS

Mann, Mann, Mann.

GESCHÄFTSIDEE!

POP-UP DICKPIC

Alles Gute zum Geburtstag!

Danke!

Weil Zeit Geld ist, schenke ich dir einen Tag Zeit mit mir!

Ich hätte lieber das Geld.

GESCHENKE FÜR LEUTE, DIE MAN NICHT MAG!
Feel-Bad-Produkte

EINE TISCHDECKE, DIE KEINEM FLECK WIDERSTEHT!
→ SCHWER ABWISCHBAR!
→ NANOTECHNOLOGIE!

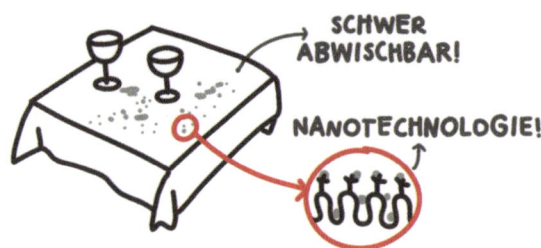

SEHR UNSICHERES TOILETTENPAPIER
EXTREM DÜNN!

DOPPELKLOBÜRSTE
HÄLT DOPPELT SO LANG!

FUSSELMAGNETISCHE HOSE

FRISCHEBEHÄLTER IN UNPRAKTISCHEN FORMATEN
MIT 17 DECKELN, DIE ALLE NICH PASSEN!
GARANTIERT NICHT STAPELBAR!

SCHLAFFER PFANNENWENDER
KOMPLETT NUTZLOS, ABER VERSPERRT SCHUBLADEN

KÜCHENMESSER MIT SOLLBRUCHSTELLEN
KANN VOLL INS AUGE GEHN!
UNERGONOMISCHER GRIFF

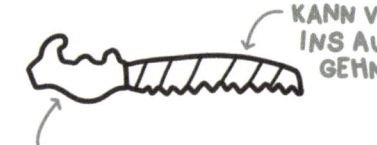

INSIDE-OUT BIFI
MIT PLASTIKKONDOM ALS FÜLLUNG

HANDTÜCHER MIT SCHIMMELOPTIK

TOILETTE MIT WÜRGEGERÄUSCHEN
WRGLGLRWG... BÄH...EKELHAFT!!!

VIEL ZU LANGES LADEKABEL

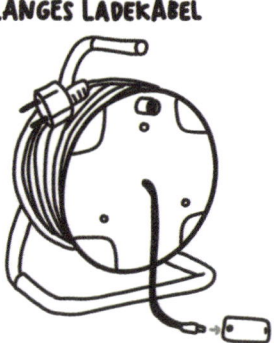

FEEL-BAD-BETTWÄSCHE

MIT KNOPFLEISTE AUF ALLEN 4 SEITEN!

EXTREM REISSFESTES BACKPAPIER

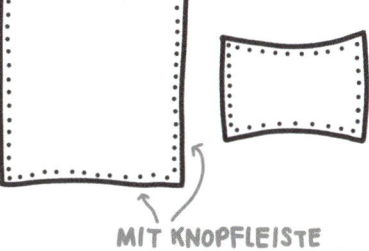

KEINE ZUSCHNITTE

VIBRATOR, DER DIE POLIZEI RUFT

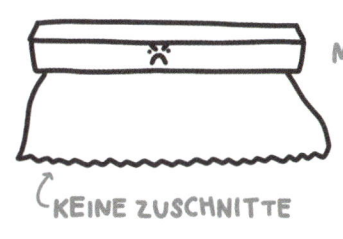

MIT PENIS-GERUCH

NOTRUFKNOPF

TOPF MIT EXTRA HEISSEN GRIFFEN

"SELBSTHALTENDER" SAUGHAKEN

HÄLT NUR SICH SELBST!

FÄRBENDER SCHWAMM

RAUE SEITE: ZERKRATZT GLAS!

WEICHE SEITE: ZERKRATZT GLAS!

KÜHLSOCKEN

Immer schön kalte Füße!

DURCHLÜFTUNGSCLIPS!

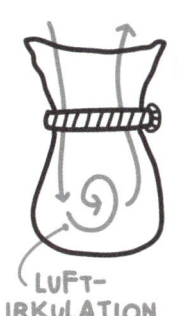

Mit diesen Clips bleibt der Inhalt von angebrochenen Tüten weniger lang frisch!

LUFT-ZIRKULATION

HIGH-MAINTENANCE-FEUERZEUG

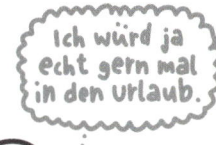

Ich würd ja echt gern mal in den Urlaub.

GEHT NUR AUS, WENN MAN'S RUNTERDRÜCKT

RIESIGE SPRECHENDE UHR

Tick, Tack, Motherfucker!

CALLBACK-T-SHIRT

ICH BIN WIRKLICH KEIN AXTMÖRDER!

Mit Gag aus diesem Comicbuch!

WASSERABWEISENDER LAPPEN

ICH MÖCHTE DAS NICHT!

BANANE, VON DER MAN SCHWANGER WERDEN KANN.

HINSTELLKATZE, DIE IMMER GRÖSSER WIRD.

Das reicht mir langsam!

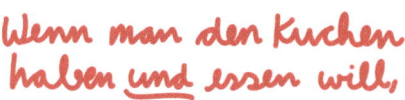

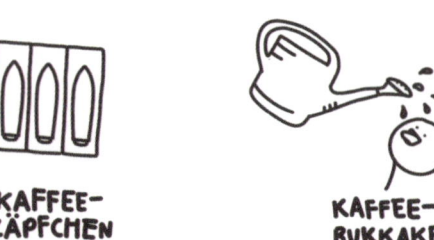

KAPITEL 5

Wenn du aus Versehen ein Kind gemacht hast.

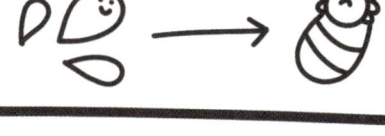

ICH SAG "HOCH", IHR SAGT "ZEIT"!

ALLEINUNTERHALTER UDO MACHT JETZT AUCH TRAUUNGEN

DIE EIGENEN SACHEN BEWERTEN

Ich hab meinen Maßstab dabei.

FUN FACT: Alle Fische haben Pipi in den Augen.

(Meine Schuld)

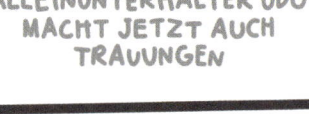

ALKOHOL FÜR KINDER!

DANN MUSS MAN NICH IN DEN TIERPARK!

Marketing für Babybrei

Hallo! Kaufen Sie bitte unseren Babybrei!

Oder wollen Sie etwa für ein Baby extra was kochen? Hahaha!

Unser Brei ist schon fertig!

NIX MACHEN.

Mit dem Besten, was möglich war bei dem Preis und dass wir auch noch was verdienen!

Falls Ihr Baby unseren Brei nicht essen will, zwingen Sie es einfach! Babys sind nicht stark!

Dafür stehe ich mit meinem Namen. — Ludwig Lügner

Du konntest ja unmöglich wissen, dass Einjährige so gut brennen.

Ja. Du bist ein guter freund.

Sag mal, was genau ist eigentlich passiert?

Lies weiter.

<u>Geschmacksrichtungen</u>

- Breigeschmack
- Krankenhaus
- Spucke classic
- Spucke sweet & salty

Einer muss ihn essen!

071

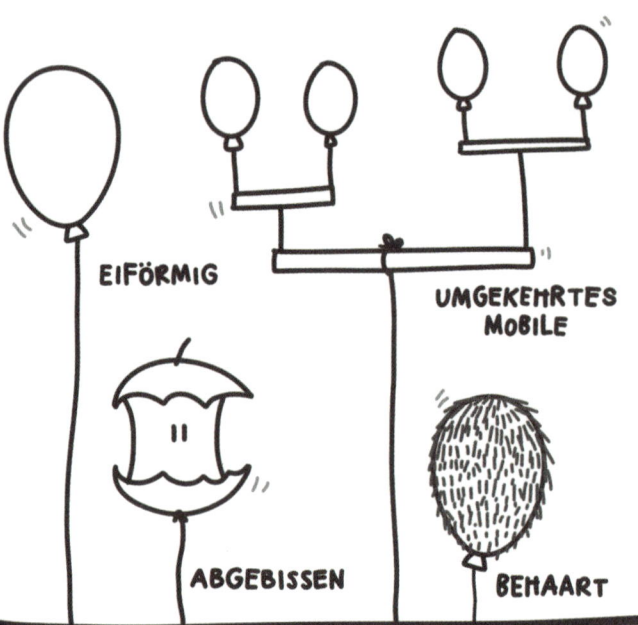

IDEEN FÜR KINDERBÜCHER

IDEEN FÜR SEXSPIELZEUGE

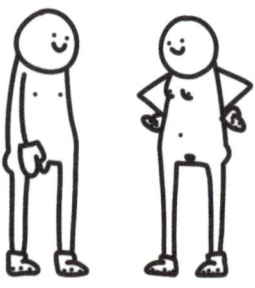

ANTI-RUTSCH-SOCKEN UND -HANDSCHUHE

für besseren Halt auf allen Oberflächen

DIE SEX-UHR

Wer is diesmal dran mit der Arbeit?

DER KOMPROMISSHELM

Mit leicht abwischbarem Spritzschutz. Geschirrspülmaschinengeeignet!

DER SEXANZUG

mit Griffen und (besseren) Bonusbrüsten

LESELAMPE UND LEKTÜRE

Der optimale Begleiter für Oralsex unter der Decke!

SEXY SCHNABELTIERKALENDER

Die Sexkraft des Schnabeltiers bringt jeden in Fahrt!

WENN JEMAND AUS DEM URLAUB EINE GESCHÄFTLICHE E-MAIL SCHICKT, ABER AUTOMATISCHE ANTWORT AKTIVIERT HAT:

Hier, das wollt ich dir kurz zeigen!

Oh, das ist ja super!

ICH BIN LEIDER NICHT IM BÜRO!!

SCHLECHT DRAUF SEIN MUSS SICH WIEDER LOHNEN!

BEDEUTUNG DES WORTES "PORTION"

074

WIRD MEIN KIND OHNE PSYCHISCHEN KNACKS AUFWACHSEN?

100% HILFREICH

NEIN.

HAT DER KLEINE BATMAN NOCH GENÜGEND FRESSI IN SEINEM NAPF?

Hallo, liebe Kinder!

DER ERSTE WIRKLICHE BAUCHREDNER HATTE NUR GEMISCHTEN ERFOLG

MACH MIT!

ÜBUNG

DAS NÄCHSTE MAL, WENN DU DAS WORT **"METHODE"** BENUTZEN WILLST, SAG EINFACH **"MIT HODE"** UND SCHAU, OB ES JEMANDEM AUFFÄLLT.

Das ist Jessica, in die projizier ich grad viel rein.

Er meint Sperma.

mess mess

SPRÜCHE, DIE ELTERN SAGEN, DIE ABER GAR NICHT STIMMEN

* DAS LEBEN IST VOLLER MÖGLICHKEITEN

* DU BIST WAS GANZ BESONDERES

* FÜR JEDE EINS GIBT ES EINEN EISBECHER, TINO.

* WENN WIR WOLLEN, DASS DU AUSZIEHST, DANN SAGEN WIR DIR DAS, TINO!

druck druck

Das Gerät sagt, dass du ein kleiner Dickwanst bist.

075

CHALLENGE!

"JA, ICH WILL."

GENERVT AUSSPRECHEN

PROBIER ES AUS!

KANN ICH DICH BITTE SCHMINKEN, BEVOR WIR RUMMACHEN?

OK.

TADAAAA!

DER GROSSE BOMELINI WANZT SICH UNGEFRAGT FREUNDSCHAFTLICH IN DEIN LEBEN UND WILL IRGENDWANN SEX.

IDEEN FÜR BANDNAMEN

- "ALLE KOMMEN NUR WEGEN MORITZ"
- "IRGENDWANN IS SCHLUSS, ABER NICH JETZ"
- "ALLES MÖGLICHE"

bekannt aus: "Was hörst du so für Musik?"

AKROBAT MIT IMPOSTER-SYNDROM

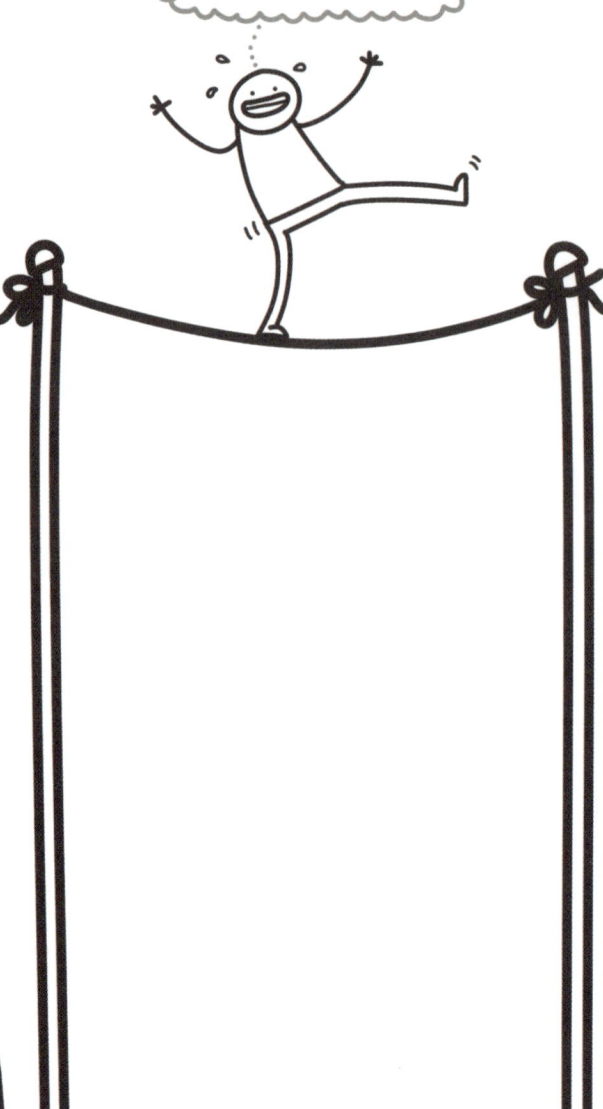

ICH HÄTTE SCHON 10 MAL TOT SEIN MÜSSEN. DAS IS ECHT GEFÄHRLICH, WAS ICH HIER MACHE.

DAS IST EIN WUG

DAS SIND ZWEI WÜGGERS. SIE HABEN _____-SEX

6 METHODEN, UM HERAUSZUFINDEN, OB JEMAND SCHWANGER IST.

1 Kaufe eine Pistole und drohe, sie zu erschießen. Schwangere tendieren in Stresssituationen dazu, zuzugeben, dass sie schwanger sind.

2 Frage, ob du von ihr ein Glas Urin haben könntest.

3 Folge ihr unauffällig. Geht sie Babyklamotten einkaufen? Falls ja, springe hinter dem Kleiderständer hervor, und frage, für wen die kleinen Söckchen sind.

4 Frage sie, ob du ihr in den Bauch boxen darfst. Schwangere mögen das nicht und sagen da oft Nein.

5 Biete ihr Katzenstreu an. Wenn sie ablehnt, ist sie wahrscheinlich schwanger.

6 Frage sie, ob sie Lust hat, in 9 Monaten mit dir einen Aktivurlaub zu machen.

WOKE UP LIKE THIS:

RANDBEMERKUNG

SCHÖNER RAND!

AUSMALBILD FÜR KURZ ANGEBUNDENE →

079

Riesengroße Dinge richtig benennen, wenn man nicht weiß, wie sie heißen!

MINI — MEGA

APARILLO
– Gerät-Apparat oder ein Mordseumel

BART
– abstrakter Begriff für Bums, der noch mit dranhängt

BATZEN
– führt die Idee eines Krümels ad absurdum

BAUM
– einfach nur WOW!

BOLLEN
– runde Portion von verformbarem Material

BOLLER
– Eichwert für große Dinge, alle großen Dinge sind größer bzw. kleiner

BROCKEN
– extremer Streusel

BRUMMER
– ein Ding ist ein Brummer, wenn es für seine jeweilige abstrakte Kategorie relativ dick oder laut ist

BUMS
– (abfällig) Gedöns, auf das man keinen Fick gibt

BUMSDABUMS
– Wie Dingsdabums, aber mit Doppelbums!

DING!!!
– (geschrien) sehr großes Ding

GEDÖNS
– kleinteilige Masse, ganzer Bart an Eumelbums

GELÖT
– mehrere Hauruckiberts mit leichtem Linksdrall

GELUMPE
– Mordsklimbim, für das man keinen Respekt hat

HAURUCKIBERT
– lässt sich nicht ohne Gefahr alleine heben

KAVENTSMANN
– Tier oder Sache, die größer ist als erwartet

KAVENTSPFERD
– Pferd, das größer ist als ein Pferd

KLADDERADATSCH
– beschmoddertes Gelumpe, das eigentlich schon längst jemand hätte wegräumen sollen

KLOPFER
– Etwas, das "Kawömms" machen würde, wenn es aus einer gewissen Höhe plumpst

MONSTRUM
– die schiere Wucht entzündet Baff-sein

MORDS-
– Übertreibe-Präfix, das Dinge größer macht, als sie eigentlich sind

OKOLYT
– etwas, das sich jedweder Skala entzieht, es sei denn, die Skala ist ein Brummer

OSCHI
– die Freunde eines Kaventsmanns dürfen ihn so nennen

PLAUTZ
– Sammelbegriff für Sammlungen

POLLER
– ein riesiger Zapfen der Erde

RAKETE
– etwas, das so aussieht wie eine Rakete und auch die Funktion einer Rakete erfüllt

RIESENDING
– von der Größe genau zwischen Mordsding und zehntausend Schniepeln

SCHWEINEÖMMES
– liebkosend für Gelumpe

WEMMSER
– muss man sich keinesfalls für schämen

Leider gibt es noch nicht für jeden Eumel einen geschlechtsneutralen Namen. Es bleibt zu hoffen, dass die Sprachwissenschaft diese Lücken in den nächsten Jahren schließen wird.

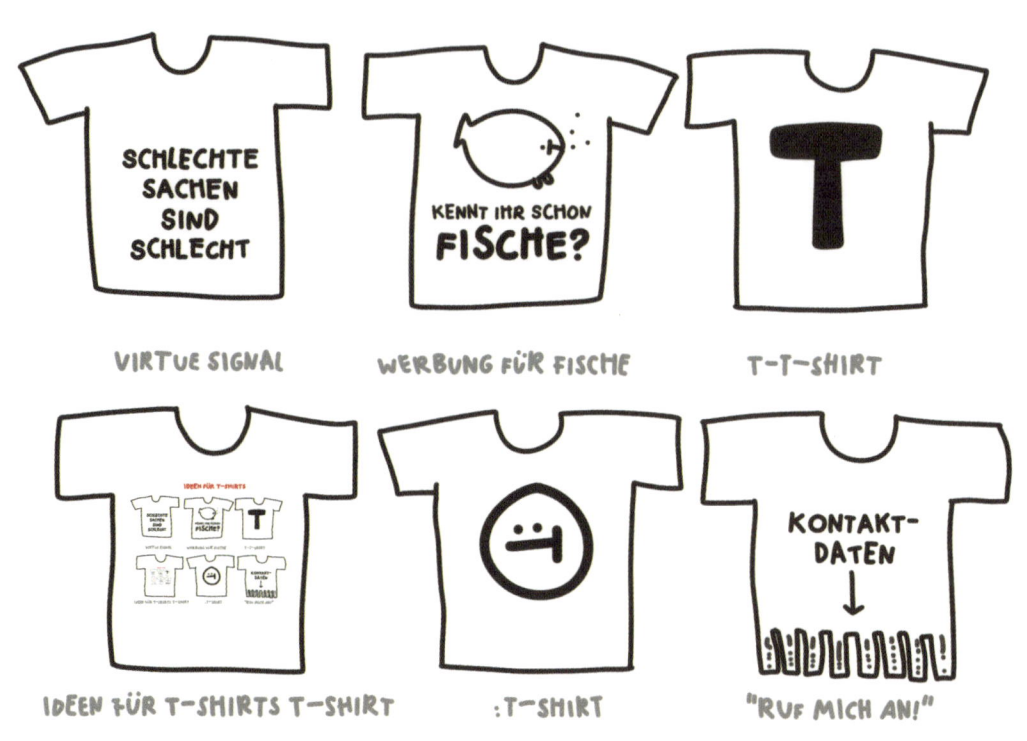

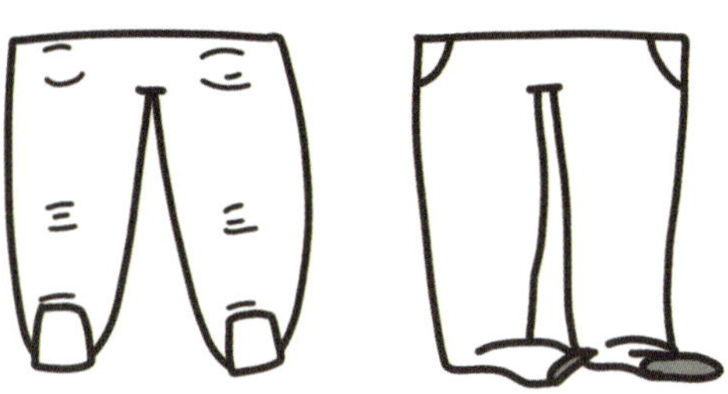

KAPITEL 6

wenn du eine mittelschlimme Trennung hinter und/oder kurz vor dir hast.

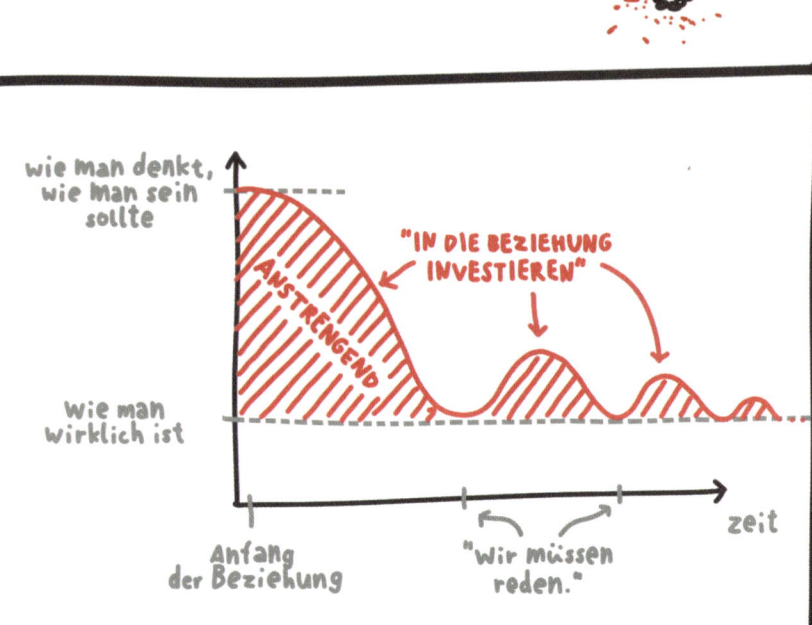

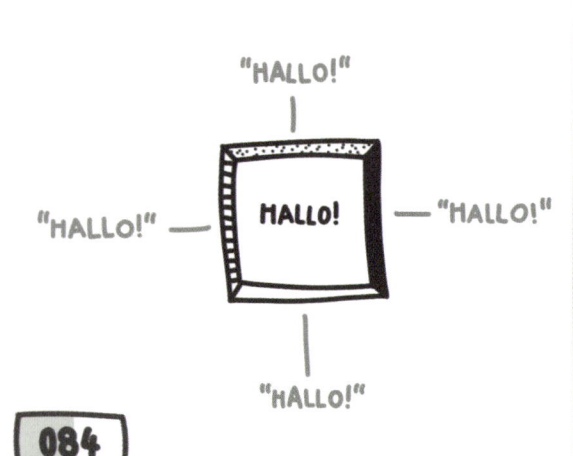
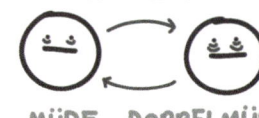

"Die sind aber niedlich, wie heißen die denn?"

"Puh, eins heißt Stefan."

Es war nicht leicht als Frau eines Hütchenspielers.

ICH MÖCHTE DICH EMOTIONAL AUSBEUTEN

ICH DICH AUCH

- OLIVENÖL
- KLOPAPIER
- NUDELN
- GESCHIRR-SPÜLTABS

Bitte wenden.

FICKEN?

ICH ZÄHL BIS DREI!

RÄUM DEIN ZEUG WEG.

WAS SOLL DAS?

IRONISCHER RITTER

"Ihr könnt mir nix anhaben, weil das is eh alles nich ernst."

NOCH MEHR IDEEN FÜR SCHAFE

Aus dem berühmten Zitat: "Ist es ein Schaf? Ist es ein Butterkeks?"

SCHLAMA
HALB SCHAF – HALB LAMA

SCHACHTEL
HALB SCHAF – HALB ACHTEL

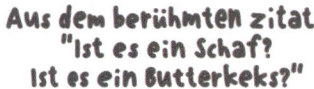

SCHUTTERKEKS
HALB SCHAF – HALB BUTTERKEKS

SCHUH
HALB SCHAF – HALB KUH

SCHMAUS
HALB SCHAF – HALB MAUS

SCHLAMPE
HALB SCHAF – HALB LAMPE

GEBEN SIE IHREN MITMENSCHEN BESTÄTIGUNG
DIE BRAUCHEN DAS

NORMALE BESTÄTIGUNG IM ALLTAG

NORMALE BESTÄTIGUNG IM STRASSENVERKEHR

* HALLO! ICH SEHE DICH. BLEIB SO, WIE DU BIST.

AUSSERORDENTLICHE BESTÄTIGUNG IN EINEM GESPRÄCH

HIER ENTSTEHT GERADE EINE TIEFE FREUNDSCHAFT

SPECK-MASTURBAT 3000

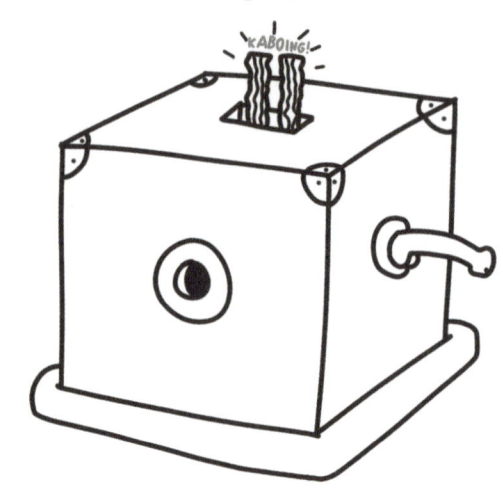

PRO-TIPP:

Mit einer entsprechenden Annonce kann man kinderleicht Putzkräfte kennenlernen! Die kommen direkt in deine Wohnung!

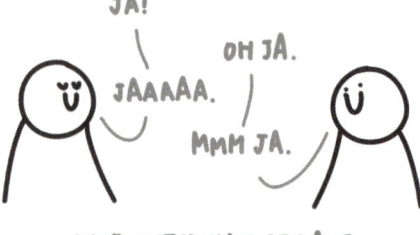

GEBEN SIE SO VIEL VON SICH, BIS NICHTS MEHR ÜBRIG IST

086

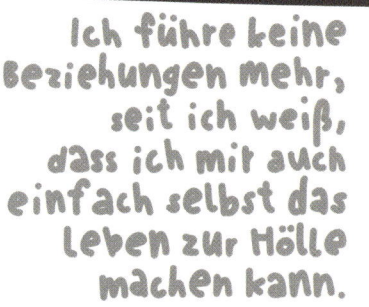
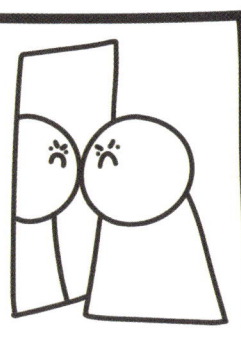

IDEEN FÜR UNTERHOSEN

MIT EDDING DRANNE

SEXY GEFAHR

MIT SELBSTZWEIFEL

SEXY ANWEISUNG

MIT THERMOMETER

ESSBAR UND IN FORM EINES APFELS (?)

SITZEN & SCHWEIGEN

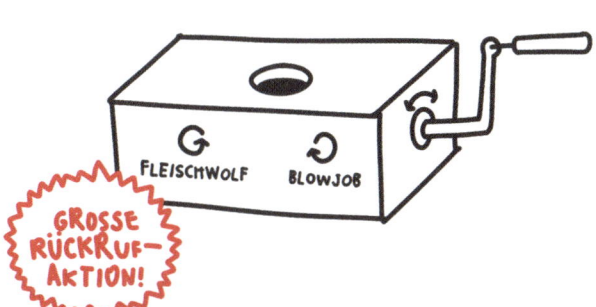

IDEEN FÜR DICKPICS

PER FAX

AUF EINE TASSE GEDRUCKT

MIT PAYWALL

SCHNAPPSCHUSS MIT SEHENSWÜRDIGKEITEN

UNGEFRAGT TAPEZIEREN

MIT DEN BESTEN FREUNDEN

Übung!

Behandel dich einen Tag lang wie jemanden, den du magst.

GEFÜHLE IM BAUCH ODER EIN/ZWEI KAFFEE ZU VIEL?

DIE NEUE SHOW!

Ich mag dich und bin gespannt, wie lange das noch dauert.

KNORPEL, HAUT UND KNOCHEN DEINES KOPFES SIND SO GEFORMT, DASS ICH DA GERNE DRAUFGUCKE.

Irgendwie kamen hier voll lang keine Giraffen mehr vor.

Herr Doktor, Sie glauben nicht, was mir passiert ist!

Ok, ich dachte schon... was ist denn passiert?

Haben Sie schon wieder Ihre Drogen in ein Kondom gepackt und sind dann beim Duschen draufgefallen?

WAS? NEIN!

Also... Hab ich Ihnen schon mal erzählt, wie rutschig meine Sauna ist?

Klingeling!

NOCH MEHR NOCH MEHR IDEEN FÜR SCHAFE

SCHITT
HALB SCHAF – HALB BRAD PITT

DIE SCHUMMEL
HALB SCHAF – HALB BIENE

GANZ TOLLE IDEE, TINO!

SCHAF
HALB SCHAF – HALB SCHAF

HAB MEINE SCHAFMÜTZE AUF UND MEINE SCHAFANZUGHOSE AN. ICH WERD GLEICH SO RICHTIG GEIL AM STEUER EINPENNEN!

HALBSCHAF
HALB SCHAF – HALB HALBSCHLAF

WIE VIELE VON DENEN WILLST DU NOCH MACHEN, TINO?

SCHÜBERSTRAPAZIERT
HALB SCHAF – HALB ÜBERSTRAPAZIERTER GAG

MANCHE GAGS KÖNNTE MAN AUCH EINFACH WEGLASSEN...

SCHITLER
HALB SCHAF – HALB HITLER

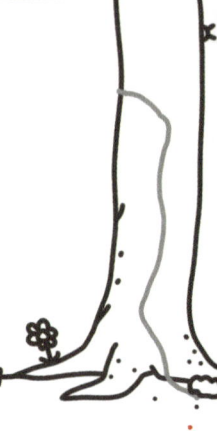

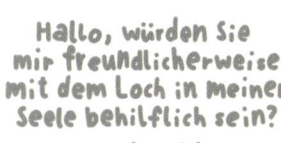

KAPITEL 7

Wenn du immer dachtest, jemand mag Oliven, und dann mag der gar keine Oliven (und bumst andere Leute).

Nils' Strategie beim Bluffen war weniger subtil, als er dachte.

Hat der kleine Batman sein Cape zu heiß gewaschen?

GESCHÄFTSIDEE

Geldautomat, der Trinkgeld will

SCHERZ-TOPFLAPPEN

Wie wär's, wenn wir uns jetzt 4 Stunden unterhalten und dabei ans Ficken denken?

Meine Lieblings-aktivität!

Was denkst du WIRKLICH von mir?!?

Ist es nicht faszinierend, dass wir mit diesem kleinen Viereck jeden Menschen auf der Welt erreichen können?

DU RUFST MICH NIE AN!!

Genau!

FAS. ZI. NIE. REND.

Stell dir vor, es is Krieg, und nur Dietmar geht hin.

HAB IRGENDWIE GEDACHT, HIER IS MEHR LOS.

Das is dann RICHTIG PEINLICH für den Dietmar. Lass ihn nich hängen!

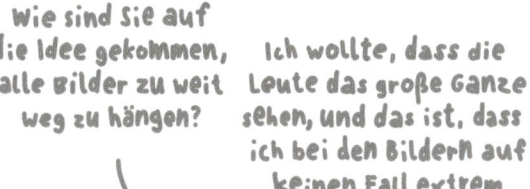

KOMPLIMENTE FÜR JEDERMANN!

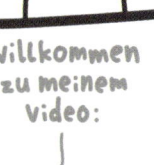

103

DER TASCHENFISCH

blubb

IMMER PARAT!

ER WOHNT IN DEINER HOSENTASCHE!

PARTY FÜR EINEN

- + KEIN SMALLTALK
- + KEINE TERMINABSPRACHE
- + KANN SITZEN, WO ICH WILL
- + KEINE MUSIK
- + KEINE VERABSCHIEDUNG
- + IST SOFORT VORBEI, WANN ICH WILL

UNGELÖSTE PROBLEME DER MENSCHHEIT

– Sind Zeitreisen möglich?
– Wie findet man seinen reservierten Platz im Zug?
– Was macht man, wenn jemand ein ganz kleines bisschen zu langsam vor einem läuft?
– Ist P = NP?

"Man fragt sich halt: 'Was will der Autor uns damit sagen?'"

"Das ist doch klar: Hier geht es um die Ambitionen des Einzelnen und die ständige Gefahr, von seiner Umwelt erstickt zu werden."

"Oh, jetzt seh ich's auch! Sehr gut!"

"Hihi, Pisse im Glas."

 NORMALES KENNEN   EXTREMKENNEN

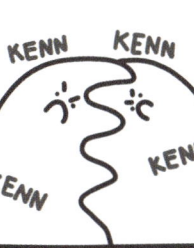

DER GROSSE BOMELINI KANN BUTTPLUGS, DIE EBEN NOCH DA WAREN, UNAUFFINDBAR MACHEN!

MARIANNE LIEBTE ES, IN EIN BROT EINGEBACKEN ZU WERDEN.

Leider hatte Rüdiger keinerlei Fähigkeiten.

Hände malen
Wie tino bomelino

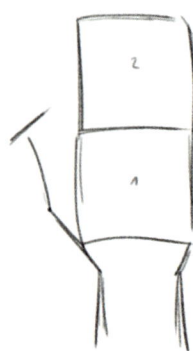

Schritt 1

Male ein Quadrat (1) und ein leicht geschwungenes Quadrat obendrauf (2).

Die anderen Linien sind nicht so wichtig, aber meinetwegen darfst du die auch malen.

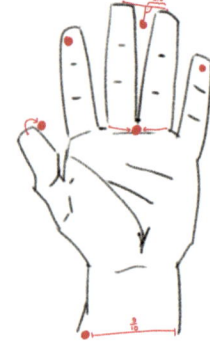

Schritt 5

Male Hilfspunkte an die markierten Stellen. Weiche nicht zu sehr von der Vorgabe ab, du Lümmel.

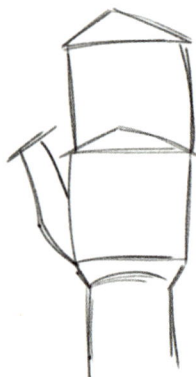

Schritt 2

Die beiden Quadrate bekommen jetzt niedliche Dächlein.

Du hast nun eine Teekanne mit Dach und ein Haus obendrauf gemalt. Glückwunsch!

Schritt 6

Verbinde die Hilfspunkte zu einer echten bomelino-Hand. Hier ist ein Meister am Werk.

Gut gemacht!

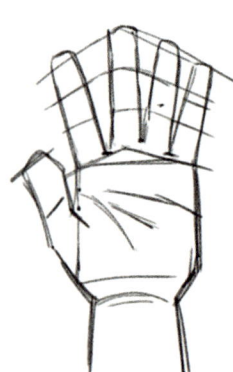

Schritt 3

Male noch Striche dazu, damit der Plumquatsch aussieht wie eine Hand.

Schritt 7

Radiere die Hilfslinien weg und zeige deinen Eltern dein Kunstwerk.

Falls deine Eltern schon tot sind, kannst du auch Freunde damit stören.

Viel Spaß mit deiner neuen Fähigkeit!

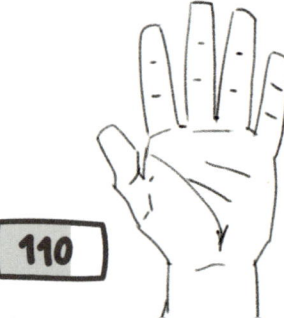

Schritt 4

Radiere alles weg, was nicht aussieht wie eine Hand.

Du bist nun fast am Ziel! Weiter so!

IDEEN FÜR PFERDE

PFADLER

ELEPFERD

PFISCH

PFACKOFEN-HANDSCHUH

PFARDEROBE

PFEUTER

PFADEWANNE

PFINO BOMELINO

Nützliche Wandtattoos!

Scheiß auf "carpe diem"! Unsere Wandtattoos geben Ihnen Informationen, die sie wirklich brauchen!

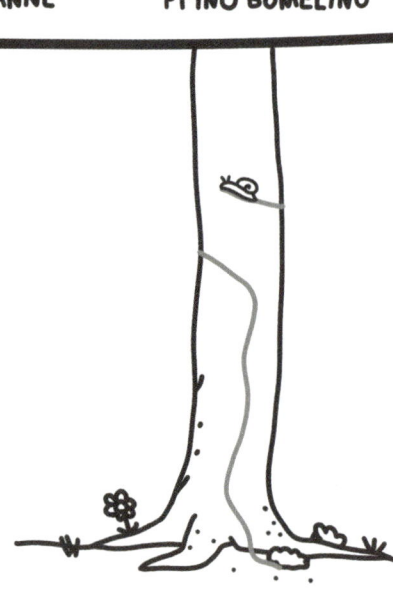

KAPITEL 8

Wenn du einen mittelschlimmen Job hast, den du nicht mehr so gerne machen willst, und allgemein hast du dir das auch alles ein bisschen anders vorgestellt.

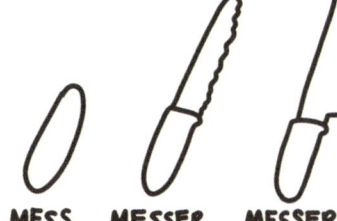

GESCHENKE FÜR LEUTE, DIE MAN NICHT MAG!

Feel-Bad-Produkte (2)

POWER-MAGNET-ARMBAND

ZERSTÖRT HANDYS, LAPTOPS UND KREDITKARTEN!
3 IN 1!

PENISLINEAL

EXTRA SCHARFE KANTEN!

SKALA FÄNGT ERST BEI 25CM AN!

KATZEN-TRANSPORTBOX

AUS ECHTEM KATZENLEDER

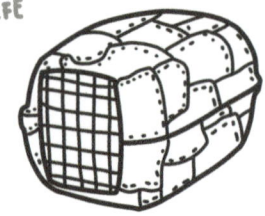

UNFAIR-TRADE-SCHUHE

FÜR JEDES PAAR, DAS SIE KAUFEN, NEHMEN WIR EINEM KIND IN AFRIKA DIE SCHUHE WEG!

ECKIGE KLOPAPIERROLLE

PASST AUF KEINEN HALTER!

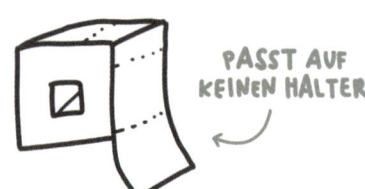

WIEDERABWASCHBARER ZAHNSTOCHER

1 STÜCK PACKUNG!

SPÜLMASCHINENFEST!

SCHREIENDES WINDSPIEL

AaaAaAAAAAAAhhh!!

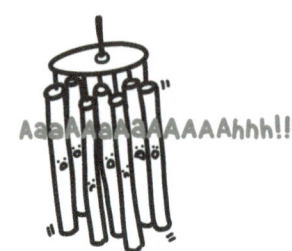

MASSAGEAUFSATZ FÜR BOHRMASCHINEN

MASSIEREN SIE IHRE LIEBSTEN MIT 4500 RPM!

MOBBENDES MOBILE "MOBBILE"

"DU BIST FETT!" "WENN ICH DICH SCHON SEH, EY!" "DU BIST SO NUTZLOS!" "ABFALL!"

SICHERHEITS-SPITZEN-BH

MIT KATZENAUGEN! FÜR MEHR SICHERHEIT BEIM SEX!

QUIETSCH-SCHUHE

QUIEKS!

QUIETSCHT AUF JEDEM UNTERGRUND DANK NEUER BALG-TECHNOLOGIE!

DUDELSACK-SCHUHE

NÖÖÖÖT   FRÖÖÖÖ

FÜR LEUTE, DENEN UNSERE QUIETSCH-SCHUHE NOCH NICHT GENUG WAREN.

PUPSMELDER

ICH WARN EUCH!

RUFT DIE FEUERWEHR, WENN JEMAND PUPST!

MEMORY MIT DEINEN SCHLIMMSTEN KINDHEITSERINNERUNGEN

GEPLATZTER TRAUM ZUM HINSTELLEN.

Du wolltest mal Musiker werden.

PUZZLE VON EINEM BILD EINES PUZZLES, DEM EIN TEIL FEHLT.

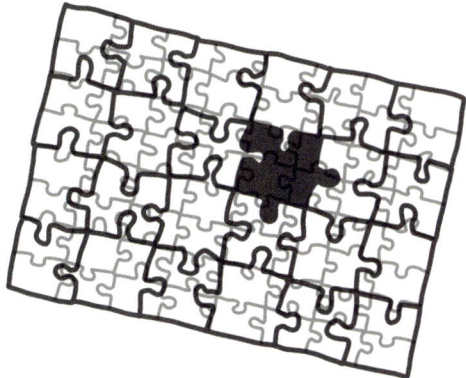

1-FACH-LUPE

BÜGELEISEN, DAS ANDERSRUM HEISS WIRD

EINGESCHNAPPTER TEDDYBÄR Was is denn?!

VIEL ZU PERSÖNLICHE STADTFÜHRUNG

Hier hab ich im April mal hingekotzt.

NAGELFEILE AUS TAFEL!

JOCHEN SCHWEIZER ERLEBNISGUTSCHEIN!

ERLEBNIS: DER VERSUCH, EINEN GUTSCHEIN EINZULÖSEN, ABER DANN ZU MERKEN, DASS ER BEREITS ABGELAUFEN IST.

DIRTY-TALK-RASIERER

Oh ja, is das geil. Rasier dir auch den Arsch.

DUFTBAUM: PENIS

ANTI-RUTSCH-MATTE FÜR BABYS

Nie wieder auf ihrem Baby ausrutschen!

SCHAL AUS TOTER WÜRGESCHLANGE

FISCHLATSCHEN

So wie Zimtlatschen, aber mit Fisch!

117

LISTE VON CHARAKTEREN, DENEN ES WAHRSCHEINLICH SCHLECHTER GEHT ALS DIR.

Tinos Kaffee is kalt, und seine Socken sind nass.

Dieser Eingeweidefisch wohnt im Anus einer Seegurke.

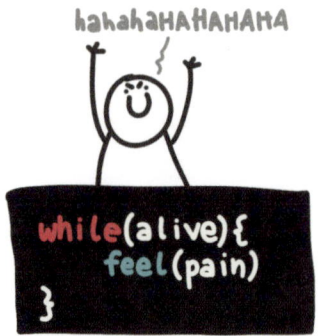

Dieses Computerprogramm eines bösen Wissenschaftlers

Diese Packung H-Milch, die erst homogenisiert, dann ultrahocherhitzt und dann weggeschmissen wurde.

Sisyphus, aber der Stein ist eine riesige Olive.

Erwin Schrödinger wird auf Partys immer auf "seine Katze" angesprochen, dabei wollte er mit diesem Gedankenexperiment Quantenphysik zerstören, nicht begründen.

Diese beiden befreundeten Pärchen wären endlich glücklich, wenn sie ihre Partner untereinander tauschen würden, aber alle warten 30 Jahre, und dann ist es zu spät.

Oliver Geissen muss jeden Tag Oliver Geissen sein.

Meine Zimmerpflanze

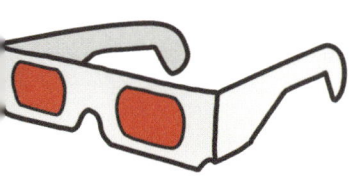

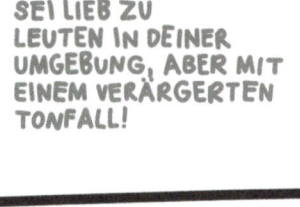

JETZT NEU: SELBSTZWEIFEL-DIRTY-TALK!

"JA, DAS FINDEST DU SO MITTELGEIL, WIE ICH MICH HIER REDLICH ABMÜHE, ODER?"

"ICH FICK DICH GERADE SO RICHTIG DURCHSCHNITTLICH!"

"JAAA, FICK MICH, OBWOHL DU MICH NICHT HÜBSCH FINDEST."

"FINDEST DU ES GANZ OK, WIE ICH DICH HIER MIT MEINEM HALBSCHLAFFEN DING DURCHNUDEL?"

"DU SCHMUTZIGES MÄDCHEN DENKST BESTIMMT GERADE AN JEMAND ANDEREN."

GESCHÄFTSIDEE!

ZEBRA "BLANKO"

"Ich bin ein sehr idealistischer Mensch, wenn die bequemste Entscheidung auch gleichzeitig meinen Idealen entspricht."

"MENSCH, WIE ICH HIER SITZE, OHNE ZU KIPPELN. WIE SO EIN RICHTIGER ERWACHSENER."

"MENSCH, WIE ICH HIER IN EINER UNGLÜCKLICHEN BEZIEHUNG BIN. WIE SO EIN RICHTIGER ERWACHSENER."

"OHA! EIN ERWACHSENER!"

"UIUIUI! WIE ICH HIER GRAD WEGEN DOPPELMORD ANGEKLAGT WERDE. WIE SO EIN RICHTIGER ERWACHSENER."

"MENSCH, WIE ICH HIER GRAD ALLE MEINE KINDHEITSTRÄUME AUFGEBE. WIE SO EIN RICHTIGER ERWACHSENER."

KAPITEL 9

Wenn du dir nicht sicher bist, was du anziehen sollst und/oder warum du überhaupt auf dieser welt bist.

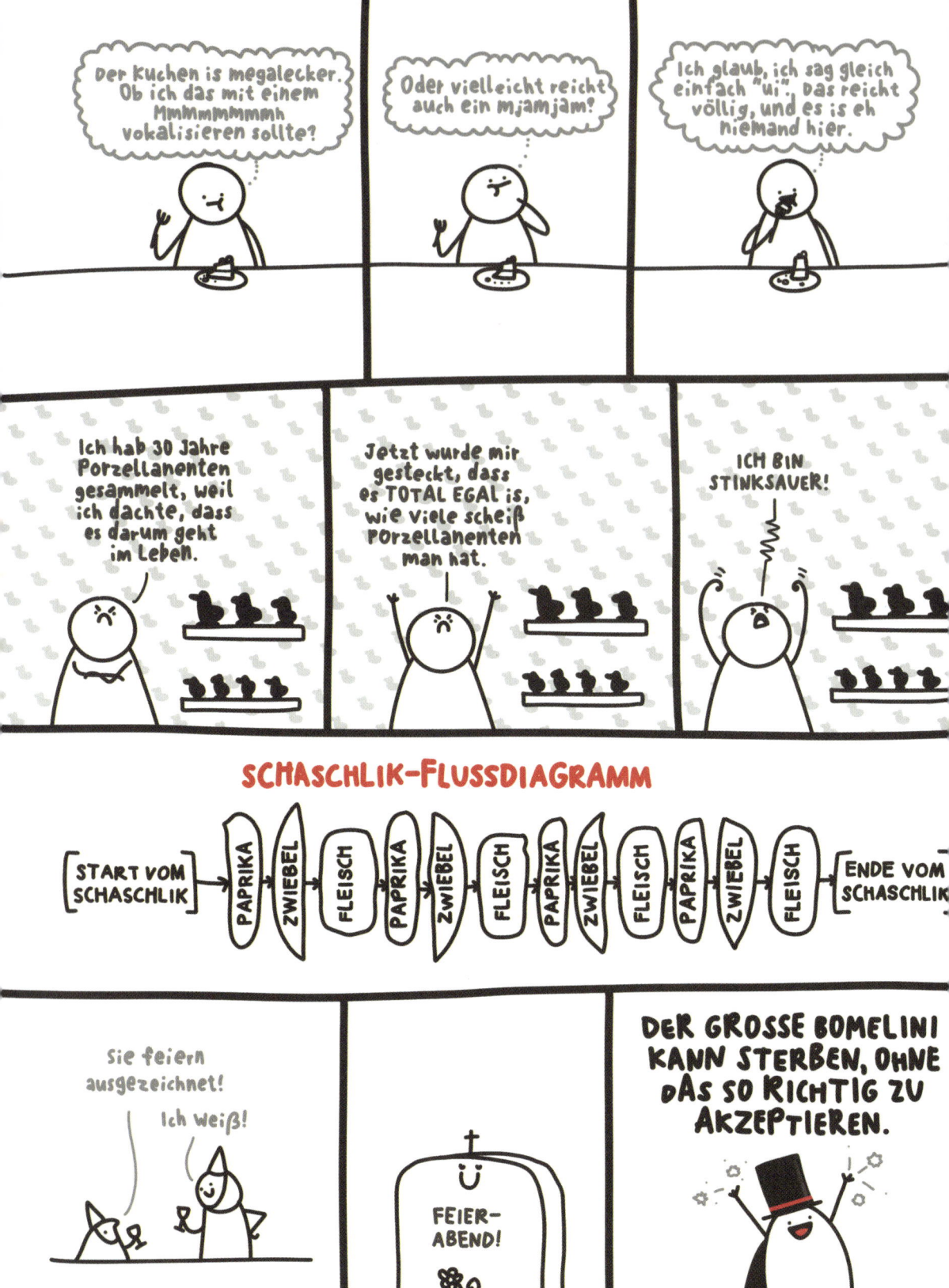

       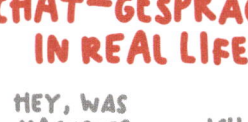            

WHOOOOOO, IS DAS GEEEEIIIIILLL!

tino bomelino präsentiert:
DIE PHASEN DES LEBENS

HM. Bleibt das jetzt so?

Nah, bestimmt kommt noch was cooles.

GOTT ALS MITBEWOHNER

DAS IS MEIN APFEL, UND WENN IHR DEN ANRÜHRT, WERD ICH FUCHSTEUFELSWILD.

NIEMAND WILL DEINEN SCHEISS APFEL, CHILL MAL.

Ich mein, manchmal hab ich das Gefühl, ich bin gar kein richtiger Bankräuber. Ich hab nicht mal ne ordentliche Kanone dabei.

SORGEN

OB ICH MIR GENUG SORGEN MACH?

GRANAT-BIRNE

Die liegt zuhause in der Obstschale!

Da liegt sie gut!

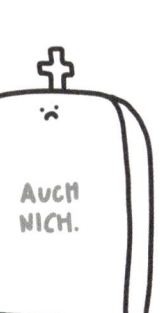

WELCHER SCHLAFTYP BIST DU?

TROTZIGER RÜCKENSCHLÄFER

LADEGERÄT NICHT ANGESTECKT

DER PANIERER

EIN HAUFEN SORGEN

38 PLÜSCHTIERE

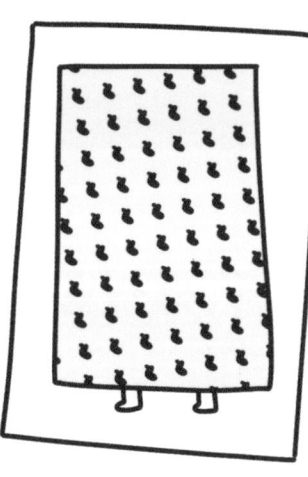

ERMORDUNGSSICHER

HOW-TO: IMPOSTER-SYNDROM

Bekommen sie positives Feedback?

- Nein, negatives. → **DIE HABEN RECHT BIS INS DETAIL.**
- Ja. → **DIE HABEN ALLE KEINE AHNUNG!**
- Nein, niemand sagt einen Piep. → **DIE TRAUEN SICH NICHT, NEGATIV ZU PIEPEN.**

— Ist das ein gutes Diagramm?
— Ja, voll!

Dieser Idiot hat keine Ahnung.

Ralf wollte seine Scheibe Käse nur kurz auf der Stulle zwischenlagern, erfand damit aber aus Versehn den Brotbelag.

Geschäftsidee: Sowas wie Snoozen, aber beim Einschlafen. Alle 5 Minuten einen furchtbaren Gedanken.

Wenn du stirbst, ist das allen egal.

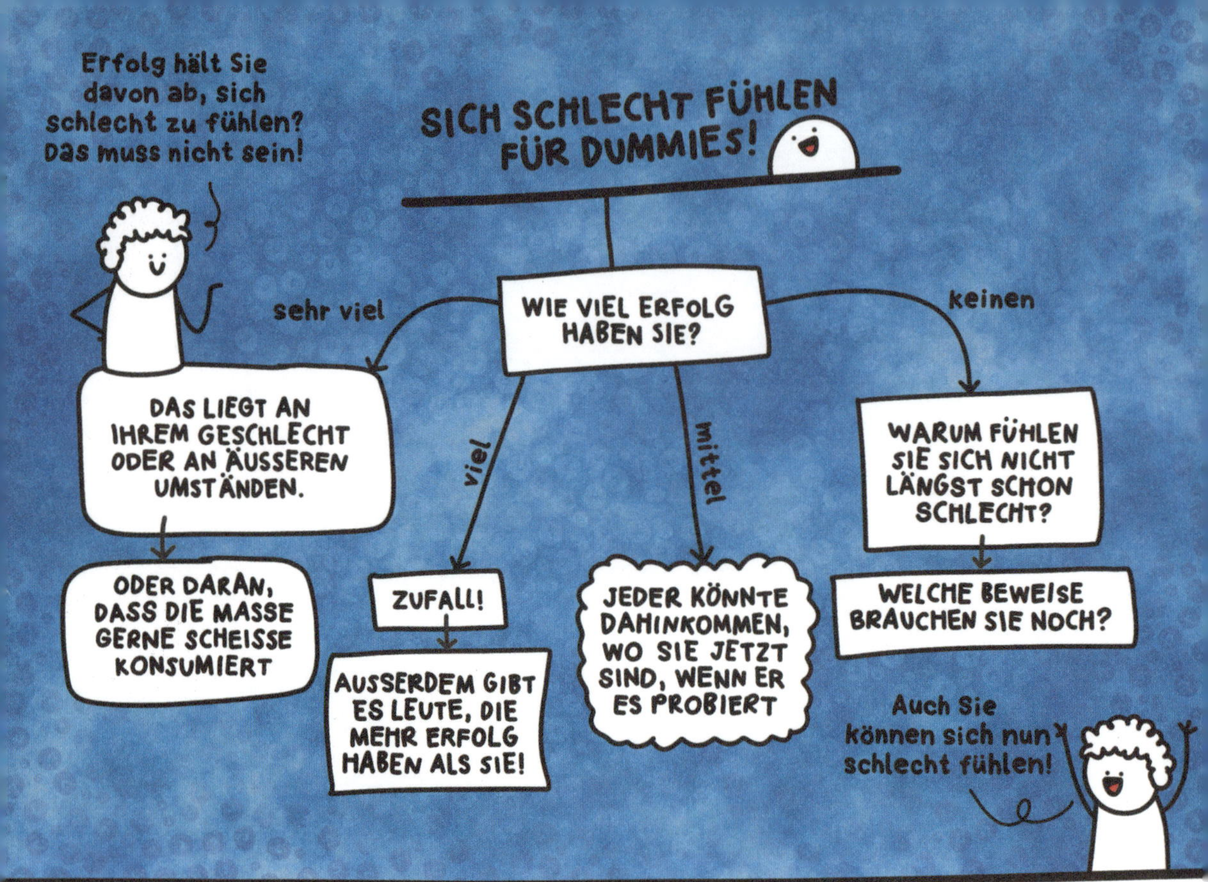

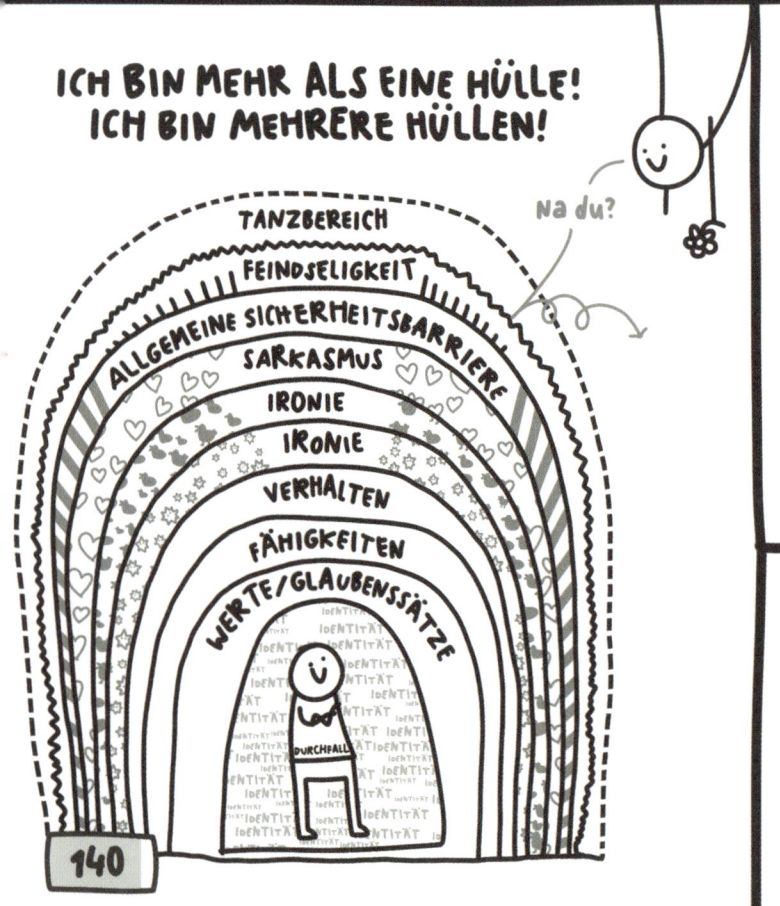

IDEEN FÜR SUPERHELDEN

NICHT-ANSPRECH-MANN
ER GEHT IN DIE DISKO UND SPRICHT DICH NICHT AN!

AUSREDEN-KLAUS
ER HILFT DIR MIT NOTLÜGEN!
(UND KANN FLIEGEN)

PENISMÄN!
ER SCHMECKT NACH PENIS!
(UND TRÄGT ROLLIS)

EXTREM-MOBILE!

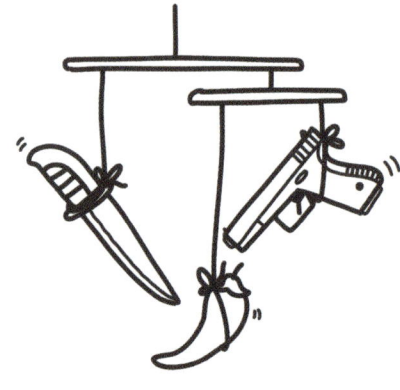

Hast du's gewusst?
Furzen ist auch Körpersprache.

IDEEN FÜR SCHNECKEN

SCHNECKE, BEI DER DIE FREUNDIN EINGEZOGEN IS

FLUGSCHNECKE

Mit'm Jeep durch die Mongolei heizen is genau mein Ding!

AN EINER LEINE ALS HAUSTIER

DAS REICHT MIR VÖLLIG

TINYHOUSE

Mit Stift und Papier machen alle, was ich will.

IGITT

Zum Beispiel dieser Typ ist ein Leberwurstbrot, dabei hasst er Leberwurst und Brot, und in einem Comic zu sein, gefällt ihm auch nicht. ♡
So ein Loser.

Hast du's gewusst?

Gott kann aussehen, wie er will.

Sie befinden sich hier:
↓
jetzt

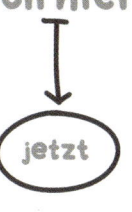

SO EIN KLUGSCHEISSER!

Hast du's gewusst?

ICH HASS EUCH ALLE!

Die Sonne arbeitet daran, uns alle zu töten.

Heyyyy, siehs doch mal so, du sparst in Zukunft Miete?

PATSCH

Ich sitz jetzt hier schon 5 Minuten und hab noch kein bisschen meditiert. Wenn ich so weitermach, werd ich heute nicht fertig.

Und du brauchst auch keine Angst vor Altersarmut haben. Das kannst du dir nicht vorstellen, wie die einen zermürbt, diese Angst.

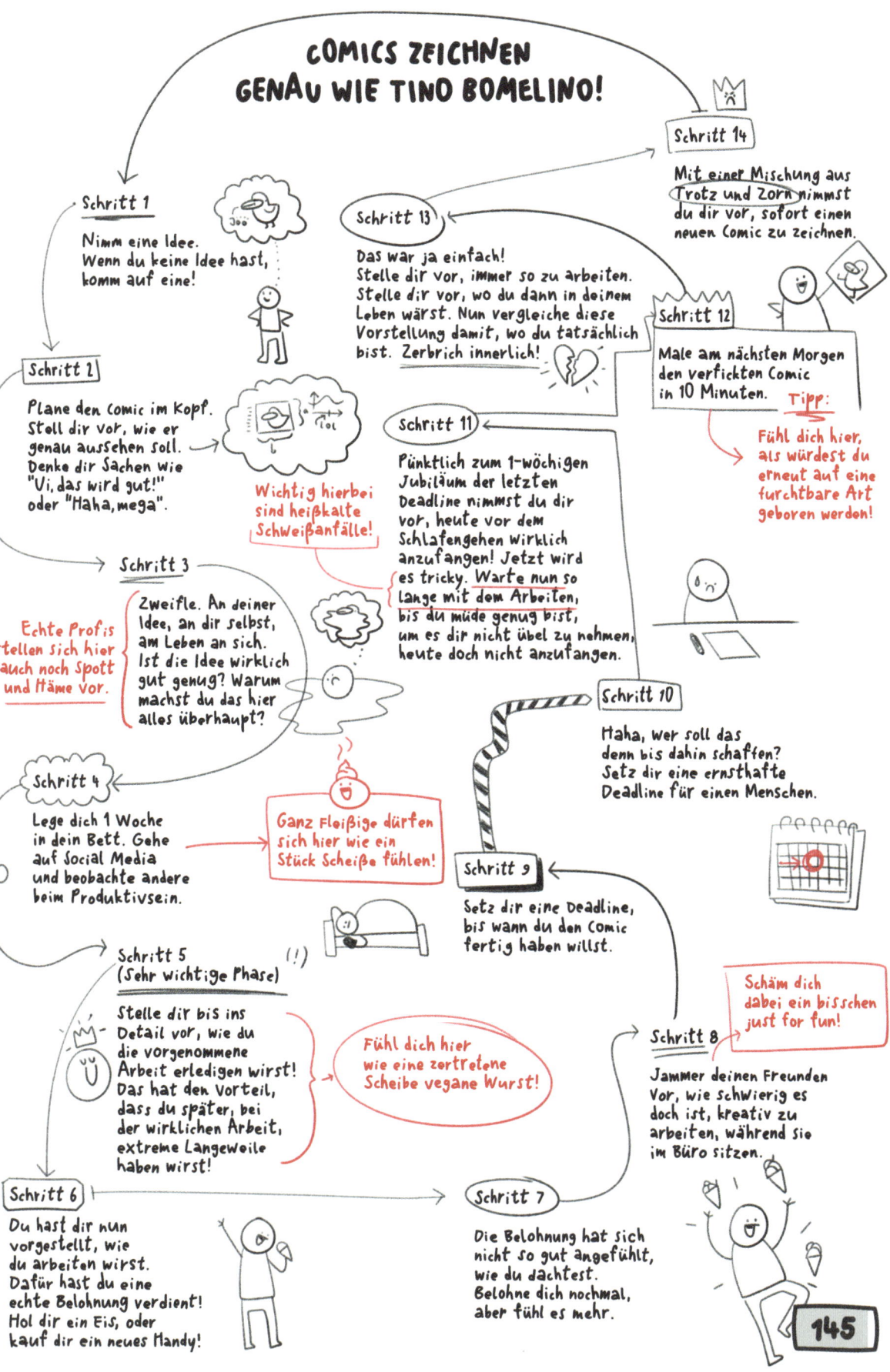

FUN FACT: ICH HABE DAS ZEICHNEN DIESES COMICS PROKRASTINIERT.

IDEEN FÜR IDEEN

- MEHR
- WENN MAN SIE BRAUCHT
- DURCH MECHANISMUS ERZWINGBAR
- EINE MEGA-GUTE, DIE FÜR IMMER AUSREICHT

PLAYING "HARD TO GET"

MIT DONUTS AM BUFFET

ICH GEH NICHT WÄHLEN, WEIL MEINE MEINUNG SCHEISSE IST.

IDEEN FÜR SYMBOLE

 **MINDESTENS 30 PIZZEN**

 **ACHTUNG, 3 HAIE**

 **PIZZA MIT GANZER WIENER**

 **DREIFACHE VERNEINUNG**

 **METTIGEL**

 **AUFSPALTUNG IN VERSCHIEDENE PARALLELUNIVERSEN**

 **LEIDER KEINE FISCHE**

 **SEHR KURZE LEITER**

MEDITATIONSCLUB FÜR RAUCHER

 Meine Messungen haben ergeben, dass Ihre immense Vorstellungskraft das Problem ist.

 Das hab ich mir schon gedacht.

 Was ziehste denn jetzt wieder für ne Schnute? Da entführt man dich mal, sperrt dich ein und zwingt dich kreativ zu sein, und dann isses auch wieder nich richtig.

PIEKERMÄN!

WIE IRONMAN, ABER MIT PIEKERN!

HAT ÜBERALL GEFÄHRLICHE PIEKER!

KANN VON KEINER SEITE GESCHUBST WERDEN!

100% SCHUBSSICHER

EINZIGE SCHWACHSTELLE: VERLETZUNG DURCH SCHLUSSMACHEN.

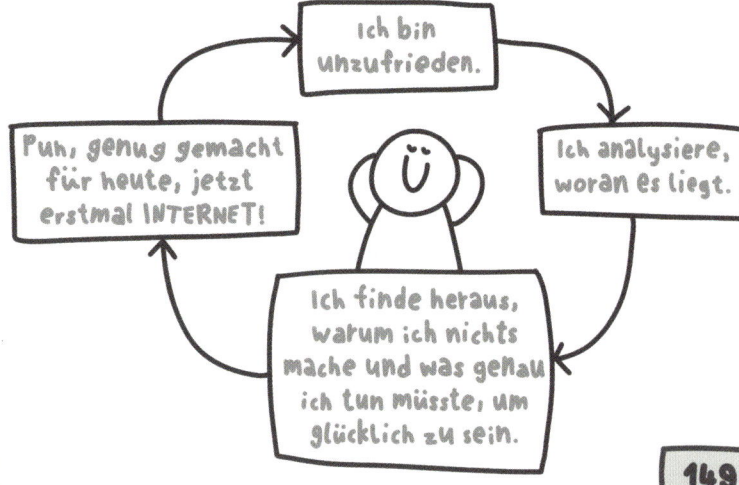

Hast du's gewusst?

Ich bin für Gerechtigkeit, aber will dafür auf nichts verzichten. Ü

"WAS DER WOHL DENKT?"

"MEINE GEDANKEN GEHN EUCH'N SCHEISS AN."

"Was, wenn mein Tschiep nich so gut wird?"

"Ich hab das voll lang nich gemacht."

"Ich hätte das schon vor ein paar Monaten machen müssen."

"Das muss ja jetzt auch voll gut werden."

"Ach, scheiß drauf, ich mach das jetzt einfach."

—TSCHIEP!—

"Dafür, dass ich's halb improvisiert hab, war's OK."

Hast du's gewusst?

DER GESCHMACK VON KAFFEE IST EIN POLYNOM 4. GRADES

(Achsen: SCHMECKT / LEBENSGEFÄHRLICH, −50, 0, 50, 100 °C)

"ICH HAB MIR NE LISTE GEMACHT MIT GEDANKEN. WENN MIR LANGWEILIG IS, DENK ICH DIE."

"JA! WEIL ICH SCHEISSE BIN!"

"DIE SIND JA ALLE FURCHTBAR!"

"DAS STEHT AUCH NOCHMAL BEI PUNKT 5."

"KANN ICH MIR DAS KOPIEREN?"

IDEEN FÜR TAPETEN

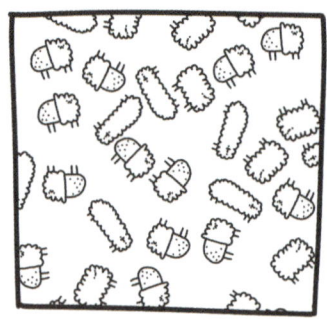

für kurzsichtige Lamafans

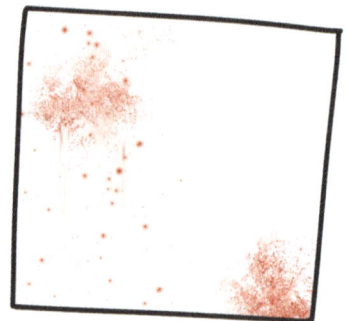

für Fans häuslicher Gewalt

für vergessliche Tourettepatienten

bemalsichere Kindertapete

KOMM ENDLICH RAUS, TINO. DIE GEBURT ZIEHT SICH JETZT SCHON 3 JAHRE.

NOCH 5 MINUTEN

PLAYING "HARD TO GET"

Det hat's hier doch ganz gut.

IM TIERHEIM

Mit Stift und Papier lassen sich wundersame Welten erschaffen.

Wie zum Beispiel diesen Tukan, den ich unter Androhung gewalttätiger Schritte in die Koffeinsucht getrieben habe.

IDEEN FÜR WENIGER DENKEN

- dringende Probleme schaffen, wie z.B. etwas anzünden

- mit Menschen anfreunden, die nicht denken

- Probleme, die du sonst mit Denken löst, anders lösen, z.B. mit Gewalt

Huiii!

PUUUPS!

PERSONALITY-WOCHE BEI DEN GIRAFFEN

"Ich habe gemerkt, dass ich viel produktiver bin, wenn es mir schlecht geht. Ich hab einfach nichts zu sagen, wenn ich glücklich bin."

"Deswegen wollte ich dich fragen, ob du mich heiraten willst."

"BOAH, is das Kacke. Das kommt alles in mein Buch!"

"Wo ich sie schon mal dahab: hätten Sie Interesse an einer Abdeckplane für Ihre Regentonne?"

Arzt, der sich was dazuverdient.

"Ziehen Sie bitte Ihre Hose aus und probieren Sie mal diese modische hier von ZARA."

Gleiche Idee wie vorheriges Panel, aber mit mehr Hosen.

SEXHELM
100% SICHER

"MICH WIRST DU NICHT SO EINFACH LOS!"

ÜBUNG!
FLÜSTER ETWAS, DAS MAN NICHT FLÜSTERN SOLLTE.

WANTED

THE CIRCLE OF LIFE

- EIN PROBLEM TRITT AUF.
- ANALYSE
- DAS PROBLEM ENTSTEHT IN DER WECHSELWIRKUNG ZWISCHEN MIR UND DER REALITÄT
- ICH KANN DIE WELT NICHT VERÄNDERN.
- "HEUREKA! ICH ÄNDER EINFACH MEIN VERHALTEN!"

ADVANCED MOVE! ICH ÄNDER MEIN VERHALTEN NICHT

WATTEPADS MIT RAVER-SCHWAMM-SEITE

I ♥ SCHMUSANNE

MITTELGROSSER FEEDBACKBOGEN

ZU SPÄT!

- ☐ Ich fand alles super!
- ☐ Tino, geht es dir gut?
- ☐ Ich habe keinen Stift.
- ☐ Warum kamen so wenig Penisse vor?
- ☐ Liebe Grüße an deine Omi.
- ☐ Whoo! Weiter so! Super Tino!
- ☐ Wo kann ich das Zebra Blanko kaufen?
- ☐ Wie ist deine Faxnummer für Dickpics?
- ☐ Trinkpäckchen sind cool.
- ☐ Da ist ein Schaf in meiner Badewanne.
- ☐ Ich mag Fische jetzt mehr als vorher.
- ☐ Hab nicht rausgefunden, worum es geht.
- ☐ Raum für Notizen hat nicht gereicht.
- ☐ Wie heißt Schmusanne mit richtigem Namen?
- ☐ Zu viel Gebimmsel mit den ganzen Nubsbert-Schnubbeln.
- ☐ Dieses Buch wäre besser mit einem kleinen Haps Heroin.
- ☐ Es war alles realistisch, bis auf das Baguette im Topf.
- ☐ Wort für kleines/mittelgroßes/riesiges Fatzki hat gefehlt: _____
  ↳ Definition: _____

- ☐ Meine Laune ist nicht besser, ich möchte mein Geld zurück.
- ☐ Das hier ist gar kein richtiger Feedbackbogen.
- ☐ Ich hab das mit den Wüggers nicht verstanden.
- ☐ Du bist nicht der Mann, in den ich mich damals verliebt habe.
- ☐ Ich will mich eigentlich nur als jemand positionieren, der Kreuze macht.
- ☐ Dieses Buch hat mir leider nicht beantwortet, wie ich mein Leben zu leben habe.
- ☐ Ich bin das nächste große Ding, du solltest mich kennenlernen.
- ☐ Warum sagt oder denkt der Fisch auf Seite 135 nichts? Was hat das zu bedeuten?
- ☐ Ich möchte bitte das als T-Shirt: _____
- ☐ Andere Frage/Information: _____

FÜLL IHN AUS UND SCHICK IHN MIR (NICHT ALS BRIEF)!

LANGE BÄRTE!

ALS WÄR ESSEN NICHT SCHON SCHWIERIG GENUG!

WIE KRIEG ICH DAS JETZT MÖGLICHST UNKOMPLIZIERT IN MEINEN MUND REIN?

☐ ZU WENIG SCHAFGAGS

SCHEEDBACKBOGEN

Übung!

Tu Schmusanne einen Gefallen und male diese Seite superbunt an!

BITTE ALLE LIEB SEIN

DAS WÄR JA NOCH SCHÖNER!

 Danke

Mein Leben	→ Schmusanne	→ ganz viele Ideen
	Schmelene	& High Fives
Allgemeine Beruhigung	Schmandimaus	
	Schmanziska	→ Titelidee
Support ←	Schmorsten	
	Schmara	→ Netflix Passwort
Feedback	Schmektarios	
	schman Schmilipp Schmymny	→ Telefonseelsorge